PIERRE DUPONT

Comédie en un acte

par

LUCIEN DESCAVES

1922

Prix : 1 fr. 50

NEUVIÈME ÉDITION

LIBRAIRIE STOCK

Delamain, Boutelleau et Cⁱᵉ, Éditeurs. PARIS

PIERRE DUPONT

COMÉDIE EN UN ACTE

Par LUCIEN DESCAVES

DONNÉE EN RÉPÉTITION GÉNÉRALE LE 24 JANVIER ET EN PREMIÈRE REPRÉSENTATION
LE 25 JANVIER 1922, AU GRAND-GUIGNOL, DIRECTION CAMILLE CHOISY

PERSONNAGES	ACTEURS	PERSONNAGES	ACTEURS
LE PÈRE LOUIS............	MM. Defresne.	Mme DUPONT..............	Mmes Gonzalves.
LUDOVIC	Scott.	ÉGLANTINE	De Bedtz.
BASTIEN	Gobet.	LA CONCIERGE............	Guiny.
TOURNOIS................	Orval.		

La scène est à Paris, au faubourg Saint-Antoine, en 1852.

Une petite salle à manger chez un ébéniste du faubourg Saint-Antoine. Intérieur propre et rangé. Buffet d'acajou à étagère, table ronde, un corps de bibliothèque garni de livres; au mur, le portrait de Pierre Dupont. Un vieux piano dans un coin. Portes, à droite sur l'escalier, à gauche sur la cuisine. Des fleurs, en pots, giroflées et réséda, sur la fenêtre. Des oiseaux en cage.

La famille Durozoy, composée du père Louis, 50 ans, du fils Ludovic, 25 ans, de la fille Eglantine, 20 ans, achève de déjeuner autour de la table. Bastien, jeune homme fiancé à Eglantine, est assis à côté d'elle.

SCÈNE PREMIÈRE

LE PÈRE LOUIS, LUDOVIC, BASTIEN, ÉGLANTINE

LE PÈRE LOUIS

J'entends quelqu'un dans l'escalier. Va donc voir. *(Eglantine se lève et obéit.)* C'est elle?

ÉGLANTINE

Non.

LE PÈRE LOUIS

Elle ne viendra plus maintenant, allez.

ÉGLANTINE

On ne sait pas... Mais si tu veux que je verse le café... pour la faire venir...

LE PÈRE LOUIS

C'est ça. Sers le café.

(Elle passe dans la cuisine, dont elle laisse la porte ouverte.)

BASTIEN

Vous craignez, monsieur Louis, qu'il ne soit arrivé quelque chose à Mme Dupont?

LE PÈRE LOUIS

A elle, non... A Pierre, je suis moins sûr...

LUDOVIC

Est-ce qu'elle ne devait pas aller le voir tantôt, à la prison?

LE PÈRE LOUIS

Oui... tantôt, pas ce matin.

BASTIEN

Comment supporte-t-il sa détention?

LE PÈRE LOUIS

Bien. Un Pierre Dupont ne se laisse pas abattre par l'adversité. Tel il était en 48, tel il est en 52 : le chansonnier du peuple.

BASTIEN

L'Empire triomphant n'a pas réussi à lui fermer la bouche.

LE PÈRE LOUIS, *bourrant sa pipe.*

Il l'a bien fait voir !

BASTIEN, *montrant le portrait de Pierre Dupont.*

Ce portrait-là devrait avoir sa place dans toutes les écoles.

LE PÈRE LOUIS

Il l'aura. En attendant, la prison, pour un homme pareil, n'est pas une cellule : c'est une volière ! Toutes les filles de son génie volent et chantent autour de lui !

BASTIEN

Enfin, il n'y a pas de plus pur républicain que Pierre Dupont.

LUDOVIC

Il est d'une autre farine que Béranger, bien sûr.

LE PÈRE LOUIS

Ne dis pas du mal de Béranger. Il est vieux. Il a eu son heure.

LUDOVIC

Les *Souvenirs du peuple*... Ah ! là ! là !

ÉGLANTINE, *qui rentre avec la cafetière et verse le café dans les tasses.*

C'est joli, les *Souvenirs du peuple*. Notre pauvre maman, Ludovic, nous a chanté ça au berceau... Tu te rappelles, père?

(Elle chante.)

Parlez-nous de lui, grand'mère...
Grand'mère, parlez-nous de lui...

LE PÈRE LOUIS, *attendri.*

Oui... Je me rappelle... D'en bas, dans l'atelier, en maniant la varlope et le rabot, j'entendais ta mère chanter celle-là... et d'autres... La voix ne montait pas..., on aurait dit plutôt qu'elle traversait le plancher pour m'aider à travailler. C'était notre jeunesse... le bon temps !

(Il se lève et feint, pour cacher son émotion, d'aller regarder par la fenêtre.)

LUDOVIC, *à sa sœur.*

Laisse-nous donc tranquilles avec ton Béranger ! Tu ne sais pas ce que tu dis. C'est des souvenirs comme ses *Souvenirs du peuple*, qui ont créé la légende dont la République est morte... étourdie, quoi, si vous aimez mieux. En glorifiant l'oncle, Béranger chauffait le lit du neveu. Nous avons Badinguet parce que Béranger a célébré Napoléon. Si Pierre Dupont est en prison pour avoir manqué de respect à l'Empereur, c'est de la faute à Béranger.

LE PÈRE LOUIS, *qui a écouté derrière son fils, revient s'asseoir.*

Comprends pas... mais puisque tu parais sûr de ce que tu dis.

LUDOVIC

Je dis la vérité.

LE PÈRE LOUIS

Elle est injuste pour Béranger, mon garçon. Tu oublies que lui aussi fut emprisonné dans sa jeunesse, pour des chansons.

BASTIEN

Les gouvernements changent : les prisons restent.

LE PÈRE LOUIS

La Bastille est tout de même tombée.

LUDOVIC

Elle a fait des petits. En cherchant bien, on retrouverait des pierres de la Bastille dans toutes les prisons d'aujourd'hui.

ÉGLANTINE, *s'asseyant.*

Qu'est-ce qu'ils vont faire de M. Dupont, à votre idée?...

LUDOVIC

Tu le demandes? Ou bien l'expulser de France, par décret, ou bien le déporter comme Lachambeaudie, Pauline Roland... les plus belles espérances de la République fauchée en herbe.

LE PÈRE LOUIS

Ils sont cent mille dans le même cas.

LUDOVIC

Et le peuple de Paris a permis ça ! Le vieux faubourg Saint-Antoine... notre faubourg... ne s'est pas levé comme un seul homme !

LE PÈRE LOUIS

Peut-être parce qu'il a perdu trop de sang aux journées de Juin.

ÉGLANTINE

Vous croyez comme ça qu'ils l'enverront en Algérie?

LUDOVIC

C'est possible.

LE PÈRE LOUIS

On en revient.

LUDOVIC

Tous n'en reviennent pas.

LE PÈRE LOUIS

Si.

LUDOVIC

C'est toi, père, qui dis ça?

LE PÈRE LOUIS

Je dis que certains morts font les meilleurs revenants.

BASTIEN

Moi, je crois plutôt qu'ils l'exileront.

LE PÈRE LOUIS

Tant pis !

BASTIEN

Oh !

LE PÈRE LOUIS

La proscription est mauvaise conseillère, garçon. L'ennui, la misère et la défiance rongent les exilés. La barricade était encore un trait d'union entre eux. La discorde est le pain de l'exil. Sur la terre étrangère, vois-tu...

LUDOVIC

Les peuples sont pour nous des frères !

LE PÈRE LOUIS

Et les compatriotes des ennemis.

ÉGLANTINE

Allons, vous n'allez pas encore vous chamailler pour la politique. Ne laissez pas refroidir votre café... il ne vaudrait plus rien...

BASTIEN

Et le bon café, mademoiselle Églantine, c'est votre spécialité.

ÉGLANTINE

Oui, monsieur Bastien... pour vous servir. J'ai mon opinion là-dessus... et j'espère bien vous la faire partager quand nous serons en ménage...

BASTIEN

Dites votre opinion... pour que je la partage tout de suite...

ÉGLANTINE

Eh bien ! je crois que le café invite à chanter beaucoup mieux que le vin.

LE PÈRE LOUIS

Il est certain que le café, avec rincette et surrincette... *(A Églantine.)* Passe la cave à liqueurs.

ÉGLANTINE

Tu n'aimes pas mieux le fin moka sans mélange... comme on le boit ici? Quand on a ça chez soi, on tourne le dos au cabaret.

LE PÈRE LOUIS

Sans doute. Passe tout de même la cave à liqueurs.

(Elle va la chercher sur le buffet.)

LUDOVIC

Moi, je crois Pierre Dupont plus excité à chanter par un bon petit argenteuil que par la chaleur d'un gloria.

LE PÈRE LOUIS

Mme Dupont elle-même n'est pas l'ennemie d'un doigt de vin.

ÉGLANTINE

Vous rappelez-vous la dernière fois qu'elle nous a chanté *la Musette neuve*, sous la tonnelle des *Trois amis*, à la barrière Montparnasse?

LE PÈRE LOUIS

Si je m'en souviens !

LUDOVIC

Le fait est que personne ne chante ça comme elle.

ÉGLANTINE

C'est comme autre chose qu'on chante...

LUDOVIC

Du Béranger.

ÉGLANTINE

Tais-toi donc...

LE PÈRE LOUIS

Dommage qu'on n'ait pas le cœur à chanter.

BASTIEN

Dommage, oui ; car si tout le peuple des faubourgs, à la même heure et d'une seule voix, chantait une chanson de Pierre Dupont, peut-être qu'elle aurait le pouvoir de le délivrer.

ÉGLANTINE

C'est gentil ce que vous dites là.

BASTIEN

Donnez le signal... On ne sait pas...

LE PÈRE LOUIS

Essaie...

LUDOVIC

Oui... Essaie.

ÉGLANTINE, *chantant.*

> Qu'on m'apporte du houx,
> Pour y percer trois trous !
> Oh ! la bonne amusette ! lon la !
> Du houx, du buis ou du sureau,
> Avec une peau de chevreau,
> Pour faire une musette, lon la,
> Pour chanter mes amours
> Tout le long de mes jours.

Non... Je vous assure... ça n'est pas ça...

BASTIEN

Mais si... continuez...

LE PÈRE LOUIS

Veux-tu que je te dise, moi, ce qui manque ? *(Il va ouvrir la fenêtre toute grande.)* Il manque ça... un coup de soleil... et de l'air... de l'air ! Pierre Dupont ne sent pas le renfermé... C'est une voix de la nature. On devrait défendre de le chanter autre part que dehors... Va, maintenant... le refrain...

ÉGLANTINE, *chantant.*

> Ma Jeanne, je t'aime,
> Je t'offre mon cœur *(bis)*.
> Garde-le de même
> Qu'un muguet en fleur.
> Ma Jeanne est plus belle
> Que le ciel et l'eau *(bis)*,
> Elle est plus cruelle
> Qu'un coup de couteau !

BASTIEN

Bravo ! Mme Dupont ne la chante pas mieux, parole d'honneur !

LE PÈRE LOUIS

Si ; une chanson de Pierre Dupont ne supporte pas la cage, comme un pierrot. Elle en meurt et en attendant d'y mourir, elle frappe de l'aile et du bec aux carreaux. J'ai senti ça, tout à l'heure, en écoutant. Quelque chose comme un oiseau semblait faire le tour de la chambre, pour en sortir.

LUDOVIC

C'est vrai. Mais ses plus belles chansons, les nôtres, enfin celles des ouvriers, n'en sont pas moins, maintenant, condamnées à la réclusion. Il n'est plus permis de les chanter, si ce n'est porte et fenêtre closes. Voilà où nous en sommes sous le règne de Badinguet ! Ferme la fenêtre !

ÉGLANTINE

Pourquoi ?

LUDOVIC

Ferme la fenêtre, que je te dis ! Les gens d'en face n'ont pas besoin de savoir ce qui se passe ici.

ÉGLANTINE

Ils ne sont pas de la police, va.

LUDOVIC

Je n'en sais rien. Ils n'ont pas des figures qui me reviennent.

ÉGLANTINE

Tu vois des mouchards partout.

LUDOVIC

Le faubourg en est plein. Il y aurait des agents provocateurs dans la maison, que ça ne m'étonnerait pas.

ÉGLANTINE

As-tu regardé sous le lit, et dans la cheminée ?

LUDOVIC

Oh ! tu peux plaisanter, toi... Pour ce que tu risques !...

LE PÈRE LOUIS

Ah ! cette fois, je ne me trompe pas : on monte bien l'escalier.

(Eglantine va ouvrir.)

SCÈNE II

LES MÊMES, TOURNOIS (jeune étudiant).

BASTIEN

Tiens, Tournois !

TOURNOIS

Bonjour. Je ne vous dérange pas ?

ÉGLANTINE

Non, non.

LE PÈRE LOUIS

Quel bon vent vous amène ?

TOURNOIS

Je passais... J'ai entendu chanter... ce que vous chantiez... Je me suis dit : ils sont là. Et je suis monté.

LE PÈRE LOUIS

Vous avez bien fait. Tout de même, soit dit sans vouloir vous offenser, ça n'est pas vous qu'on attendait.

TOURNOIS

Je pense bien.

ÉGLANTINE

Une tasse de café avec nous, monsieur Tournois ?

TOURNOIS

Merci.

ÉGLANTINE

Merci... oui ?

TOURNOIS

Merci... oui.

(Il s'assied.)

ÉGLANTINE

A la bonne heure !

LE PÈRE LOUIS

Mme Dupont... la femme de Pierre, nous avait promis de venir déjeuner avec nous... et elle nous a laissés croquer le marmot.

TOURNOIS

C'est moins nourrissant.

ÉGLANTINE, *lui versant du café.*

Avec ou sans bain de pieds?

TOURNOIS

Avec. A propos de Pierre Dupont...

ÉGLANTINE

·Un morceau... deux morceaux?

TOURNOIS

Deux.

LUDOVIC

A propos de Pierre Dupont?...

ÉGLANTINE

Rincette?

TOURNOIS

Une larme. Vous savez le bruit qui court les ateliers?

LE PÈRE LOUIS

Non.

TOURNOIS

On dit qu'il aurait obtenu sa grâce.

LE PÈRE LOUIS, *haussant les épaules.*

Ah! bah!... mais, pour l'obtenir, jeune homme, il faudrait l'avoir demandée.

TOURNOIS

Justement.

LUDOVIC

Pierre Dupont l'aurait demandée?

TOURNOIS

On le dit.

LE PÈRE LOUIS

Et il y en a qui croient ça?

TOURNOIS

Pas beaucoup.

LE PÈRE LOUIS

Trop. Un Pierre Dupont ne s'avilit pas à solliciter quoi que ce soit... et sa grâce moins que toute autre chose. S'il avait fait ça, voyez-vous, ses chansons nous rentreraient d'elles-mêmes dans la gorge!

LUDOVIC

Oui. Mais c'est tellement invraisemblable...

LE PÈRE LOUIS

En tout cas, si vous rencontrez Mme Dupont ici... ou ailleurs... je vous engage à ne pas parler de ça.

TOURNOIS

Soyez tranquille.

LE PÈRE LOUIS

Elle prendrait mal la plaisanterie, et elle aurait raison.

BASTIEN

Sûr. A l'atelier, ce matin, on s'est déjà disputé à ce sujet-là.

LUDOVIC

Tu n'en as rien dit.

BASTIEN

A quoi bon? ça ne tient pas debout...

LE PÈRE LOUIS

N'importe... Vous auriez pu tout de même... dans la conversation...

BASTIEN

J'ai eu peur de vous contrarier dans vos sentiments d'estime et d'amitié...

LE PÈRE LOUIS

Admettons. Qu'est-ce que vous disiez, ce matin, entre vous, à l'atelier?

BASTIEN

Moi... je disais que si Pierre Dupont avait dû faire sa soumission à l'Empire, il serait déjà en liberté. Il n'aurait pas attendu jusqu'à présent pour mettre les pouces.

LE PÈRE LOUIS

Parbleu!

LUDOVIC

Et les autres... que répondaient-ils à ça?

BASTIEN

Que l'auréole de la prison lui suffisait peut-être. Quant à être déporté en Algérie par-dessus le marché... ma foi, il n'y tenait pas.

LUDOVIC

Alors, l'idée seule que Pierre pouvait se parjurer ne les révoltait pas?

BASTIEN

A dire vrai...

TOURNOIS

Le peuple a vu tant de girouettes... une de plus, n'est-ce pas?

LE PÈRE LOUIS, *debout, éclatant.*

Taisez-vous! Vous n'avez pas le droit de dire ça, quand il s'agit de Pierre Dupont! Pas le droit, entendez-vous? Les chants de Pierre Dupont n'ont pas tourné à tous les vents...

LUDOVIC

Comme les chansons de Béranger.

LE PÈRE LOUIS

Fous la paix à Béranger! C'est de Pierre Dupont qu'on parle... Il n'est pas permis, en tout cas, à un ouvrier comme vous, Bastien, d'ajouter foi, ne fût-ce qu'une minute, à d'infâmes calomnies...

ÉGLANTINE

Allons, vous n'allez pas recommencer. On sort d'en prendre.

LE PÈRE LOUIS, *se radoucissant tout d'un coup en même temps qu'il se rassoit.*

Laisse donc... Quoi ! On ne se dispute pas, on cause. La vérité, voulez-vous que je vous la dise, moi?... Eh bien ! c'est un coup du gouvernement. Il aimerait mieux se débarrasser de Pierre en le déshonorant, qu'en faisant de lui un martyr.

LUDOVIC

Le père dit vrai. Un martyr jetterait de l'eau sur le feu... tandis qu'en crachant dessus, on peut finir par l'éteindre.

TOURNOIS, *montrant le piano.*

Vous avez toujours votre pensionnaire?

ÉGLANTINE

Oui, monsieur Tournois. Quand Pierre Dupont a été arrêté, sa femme l'a mis en nourrice chez nous, pour éviter la saisie, vous comprenez, s'il prenait fantaisie au propriétaire de s'assurer un gage... Le ménage n'est pas riche. On ne gagne pas des mille et des cents à composer des chansons, et à les chanter.

LE PÈRE LOUIS

Et Pierre a toujours chanté pour rien... pour le plaisir — et pour la propagande.

TOURNOIS

De sorte qu'on ne l'ouvre jamais?

ÉGLANTINE

Pour une bonne raison : personne ne sait en jouer.

LUDOVIC

Oh ! avec un doigt... ça va encore.

LE PÈRE LOUIS

C'est un meuble bien inutile.

BASTIEN

On voit bien que vous êtes ébéniste... et pas fabricant de pianos.

LE PÈRE LOUIS

Allons, est-ce que Pierre et sa femme ne s'en passent pas, quand on leur demande de chanter quelque chose au cabaret ou dans les réunions publiques? Et chez nous, en famille et le verre n main, est-ce qu'on a besoin de cette béquille-là, pour soutenir un chant de Pierre Dupont?

ÉGLANTINE

On ne dit pas ça pour vous offenser, bien sûr, monsieur Tournois, vous qui pianotez...

TOURNOIS

Oh ! si peu.

ÉGLANTINE

Enfin, vous avez eu les moyens d'apprendre, tout en faisant vos études de droit.

TOURNOIS

J'ai appris tout seul.

BASTIEN

Vous avez eu le temps.

LE PÈRE LOUIS

Et puis, vous n'avez pas nos mains calleuses... nos gros doigts...

ÉGLANTINE

Encore une fois, y a pas d'offense, monsieur Tournois.

LE PÈRE LOUIS

Chacun son métier.... sa vocation... Vous parliez de fabricants de pianos : faut bien que les uns en fabriquent, pour que les autres tapent dessus ! Pas vrai?

(Rires.)

TOURNOIS

N'oubliez pas que si *la Marseillaise* a été composée sur le violon, c'est au piano-forte de Mme Dietrich, à Strasbourg, qu'elle a été chantée pour la première fois.

LUDOVIC

Dans l'œuf, quoi !

TOURNOIS

Oui. Les ailes ne lui étaient pas encore poussées.

ÉGLANTINE

Ah ! cette fois, c'est bien elle ; je reconnais sa façon de frapper.

SCÈNE III

LES MÊMES, Mme DUPONT

LE PÈRE LOUIS

Ah !... Enfin !

Mme DUPONT

Bonjour, mes amis. Excusez-moi...

(Elle embrasse Eglantine et serre les mains tendues.)

ÉGLANTINE

Oh ! vous êtes tout excusée...

LE PÈRE LOUIS

Il ne vous est rien arrivé de fâcheux?

Mme DUPONT

Non, rien... J'ai été retenue...

ÉGLANTINE

Vous avez déjeuné?

Mme DUPONT

Oui, oui...

LE PÈRE LOUIS

C'est bien vrai au moins?

Mᵐᵉ DUPONT

Oui.

ÉGLANTINE

Voyons, vous prendrez bien tout de même une goutte de café avec nous?...

Mᵐᵉ DUPONT

Ça... oui...

ÉGLANTINE

Alors, je vais le remettre sur le feu.

LE PÈRE LOUIS

Asseyez-vous. Quoi de nouveau? De Pierre... bonnes nouvelles?

Mᵐᵉ DUPONT

Bonnes, oui.

LUDOVIC

Quand l'avez-vous vu?

Mᵐᵉ DUPONT

Hier.

BASTIEN

Il allait bien?

Mᵐᵉ DUPONT

Très bien... enfin je veux dire aussi bien qu'on peut aller entre les murs d'une prison, n'est-ce pas?

LUDOVIC

Comme de bien entendu.

Mᵐᵉ DUPONT

C'est sûr que le régime ne lui convient pas.

LE PÈRE LOUIS

Le nouveau, d'abord.

Mᵐᵉ DUPONT

Oui... et puis le régime des détenus. Pierre a beau ne pas être difficile...

TOURNOIS

La nourriture n'est pas à son goût.

Mᵐᵉ DUPONT

Ni suffisante. Il a beaucoup maigri.

LUDOVIC, serrant les poings.

Les misérables! L'Empire, c'est la honte!

Mᵐᵉ DUPONT

C'est malheureusement le gouvernement que la France s'est donné.

LE PÈRE LOUIS

Les républicains n'oublieront jamais le crime de Louis Bonaparte, qui a violé la Constitution au mépris de son serment.

ÉGLANTINE, rentrant sur ces mots,
avec le café fumant.

Ça n'est pas Mme Dupont qui te contredira, papa; mais s'il fallait jeter aux chiens tous les hommes qui manquent à leurs serments... (Versant le café.) Buvez-le bien chaud.

Mᵐᵉ DUPONT

Merci.

LE PÈRE LOUIS

Je suis content... nous sommes tous contents de vous voir, parce qu'il y a une chose que Pierre doit savoir sans délai, afin d'attaquer le mal dans sa racine.

Mᵐᵉ DUPONT

Qu'est-ce que c'est?

LE PÈRE LOUIS

Tournois, en arrivant tout à l'heure, nous rapportait un bruit qui court... et que Bastien d'ailleurs a confirmé : Pierre Dupont... je répète ce qu'on dit... Pierre Dupont aurait demandé sa grâce à l'Empereur.

Mᵐᵉ DUPONT, froidement.

Ah!

ÉGLANTINE

Tu vois, papa, l'effet que ça produit sur Mme Dupont. Il n'y a que toi pour attacher de l'importance...

BASTIEN

A des blagues pareilles.

LUDOVIC

Oui, mais si cette fausse nouvelle n'est pas démentie immédiatement, voulez-vous savoir ce qu'on dira bientôt? On dira qu'il n'y a pas de fumée sans feu. Voilà ce qu'on dira.

Mᵐᵉ DUPONT

On dira peut-être la vérité.

LE PÈRE LOUIS

Expliquez-vous; je ne comprends pas.

LUDOVIC

Moi non plus. Si Pierre a des amis maladroits qui ont intercédé pour lui, à son insu, qu'ils le disent. Ils ne sont plus dignes d'être ses amis. Et s'ils ne se démasquent pas, on les démasquera.

Mᵐᵉ DUPONT

Ils ont agi dans une bonne intention.

LE PÈRE LOUIS

Vous dites : ils ont agi. C'est donc vrai? Vous les connaissez?

LUDOVIC

Nommez-les.

ÉGLANTINE

A quoi bon? Vous voyez bien que Mme Dupont rougit pour eux.

BASTIEN

L'important, c'est que Pierre Dupont les désavoue, et il les désavouera dès qu'il sera au courant...

Mme DUPONT

Il est au courant.

LE PÈRE LOUIS, *se levant.*

Voyons, voyons, voyons... Madame Dupont, vous savez quelque chose... quelque chose que vous ne voulez pas dire.

LUDOVIC

Oui, que se passe-t-il?

LE PÈRE LOUIS

A nous, vos amis, vos véritables amis, vous pouvez désigner les personnes bien intentionnées, c'est entendu, qui sont en peine de Dupont. Qui est-ce? Des journalistes qui se mêlent encore de ce qui ne les regarde pas?

LUDOVIC

Ah! ceux-là!...

LE PÈRE LOUIS

Des républicains d'hier... qui ont déjà retourné leur veste?

BASTIEN

Et ceux-là donc!

LE PÈRE LOUIS

Ou bien des envieux de sa gloire?

TOURNOIS

Un jeune trouve toujours, dans sa génération même, des rivaux jaloux de lui.

Mme DUPONT

Ne me demandez pas de dénoncer...

LE PÈRE LOUIS

Mais tonnerre du diable! en ne répondant pas, vous faites le jeu des langues de vipère qui attribuent à Pierre lui-même la requête abominable!

Mme DUPONT, *vivement.*

Ça n'est pas vrai!

LE PÈRE LOUIS

A la bonne heure! C'est le cri que j'attendais. *(Levant les yeux sur le portrait.)* Pardonne-moi, Pierre, d'avoir blasphémé ton nom. Elle proteste à ta place. Je disais bien : il n'a pas demandé sa grâce.

(Il s'assied.)

BASTIEN

Parbleu!

Mme DUPONT

Non... Mais je l'ai demandée pour lui.

LE PÈRE LOUIS

Répétez...

Mme DUPONT

Je l'ai demandée pour lui.

LE PÈRE LOUIS

Vous!... Vous avez fait ça?... Vous, sa femme? *(Entre ses dents, accablé.)* Ah! nom de Dieu!

(Il retombe assis.)

LUDOVIC

Vous vous êtes adressée à l'Empereur?

Mme DUPONT

Non. A sa cousine, la princesse Mathilde, qui m'a reçue il y a quinze jours et m'a fait revenir aujourd'hui. C'est de chez elle que je sors.

LUDOVIC

Et... Qu'est-ce qu'elle vous a dit?

Mme DUPONT

Qu'elle avait parlé à l'Empereur... et que la grâce de Pierre était signée...

LUDOVIC

Grâcié... par Badinguet!.... Et vous croyez que Pierre consentira...

Mme DUPONT

Il a consenti.

LUDOVIC, *debout, exaspéré.*

Alors... au feu tout ça... toutes ses chansons! Elles s'envoleront encore, mais comme du papier brûlé : ça fait moins de bruit que les oiseaux.

ÉGLANTINE

Ludovic!

Mme DUPONT

Écoutez-moi... avant de vous abandonner à votre emportement. Vous me jugerez après.

ÉGLANTINE

Oui, écoutez-la. Laissez-la se défendre.

BASTIEN

C'est vrai que nous ne savons pas tout... Si Pierre est fatigué... malade... incapable de supporter...

LE PÈRE LOUIS

Facile à dire...

Mme DUPONT

Ne cherchez pas... Je vais vous dire... Il ne faut rendre personne responsable... C'est une idée qui n'est venue qu'à moi. J'aime Pierre.

LUDOVIC

Raison de plus pour ne pas le déshonorer!

Mme DUPONT

Laissez-moi finir... J'aime Pierre, mais pas égoïstement... pour moi... J'aime la nature de son génie et la source de ses inspirations, qui sont à tous.

LE PÈRE LOUIS

Drôle de façon de l'aimer!...

LUDOVIC

Au moment où Badinguet fait remplacer sur son effigie le coq gaulois par l'aigle! L'aigle!

Mme DUPONT

Pierre n'est pas plus l'un que l'autre. Et il a bien raison. L'aigle et le coq m'ennuient.

LE PÈRE LOUIS

Le coq vous ennuie? Le coq gaulois?

Mᵐᵉ DUPONT

Celui-là surtout.

LUDOVIC, *railleur.*

Il vous plaît mieux sur les clochers, il tourne à tous les vents.

Mᵐᵉ DUPONT

Sur le clocher ou dans la basse-cour, ce n'est plus qu'une enseigne banale. Vous ne connaissez pas mon Pierre, si vous le comparez à ce dindon parvenu : le coq! Pierre, c'est l'alouette qui ne supporte pas la cage et ne chante bien que dans l'espace, l'air pur et la lumière du jour.

LE PÈRE LOUIS

L'alouette ne chante que les travaux de la terre : le coq de nos aïeux a chanté autre chose.

Mᵐᵉ DUPONT

L'alouette aussi, père Louis : vous oubliez qu'elle était sur les casques gaulois... Mais après, modestement, elle est redescendue dans le sillon et ne l'a plus quitté. C'est l'oiseau des champs et du laboureur, comme Pierre. Je vous dis que vous ne le connaissez pas... Il a chanté *la Vigne, les Sapins, le Berger et son chien, les Bœufs...*

J'ai deux grands bœufs dans mon étable...

LUDOVIC

Il a chanté *le Pain* :

> **On n'arrête pas le murmure**
> **Du peuple, quand il dit : j'ai faim!**

Mᵐᵉ DUPONT

C'est une voix de la rivière, du village et des bois.

LUDOVIC

C'est une voix de l'usine, de la misère et des opprimés!

Mᵐᵉ DUPONT

La mère Jeanne est à moi.

LUDOVIC

Le Chant des ouvriers est à nous!

LE PÈRE LOUIS

Pierre a toujours parlé au nom de la justice et de la concorde.

Mᵐᵉ DUPONT

Il a mieux parlé encore au nom de la nature et de l'amour.

LUDOVIC

Il chante pour annoncer les temps nouveaux : c'est un prophète.

Mᵐᵉ DUPONT

Il chante pour chanter : c'est un oiseau.

LE PÈRE LOUIS

Il avait une haute mission à remplir.

Mᵐᵉ DUPONT

Pas plus haute que d'assembler des fleurs pour en faire des bouquets de chansons!

LUDOVIC

Que les fleurs soient rouges alors!

Mᵐᵉ DUPONT

Qu'elles sentent bon surtout : la couleur n'y fait rien.

LE PÈRE LOUIS, *debout.*

Journées de Juin, vous l'entendez!

Mᵐᵉ DUPONT

D'autres journées que celles-là ont inspiré Pierre. Juin, c'est aussi *la Chanson des foins.*

LUDOVIC

Nous la savons par cœur.

Mᵐᵉ DUPONT

Et vous pouvez préférer l'odeur de la poudre à l'enivrante odeur des foins coupés!

LUDOVIC

C'est des raisons, tout ça, pour faire sa soumission à l'homme du 2 Décembre?

Mᵐᵉ DUPONT

C'est une raison. Vous ne comprenez donc pas que Pierre est mort pour moi, pour vous, pour la France qui attend ses chansons, s'il est condamné à les composer entre quatre murs, avec grand comme ça d'horizon devant les yeux, à travers les barreaux d'une fenêtre?

BASTIEN

Patience! Nous le délivrerons.

Mᵐᵉ DUPONT

Oui... plus tard, quand vous serez marié et père de famille, sans doute... Mais en attendant?...

LUDOVIC

Pierre Dupont, renégat, sera réduit au silence plus sûrement hors de prison qu'en prison. La honte mène à l'impuissance plus vite encore que l'isolement.

Mᵐᵉ DUPONT

Des mots... qu'on dit comme ça... chez soi, et tous réunis, à l'abri du danger.

LE PÈRE LOUIS

Rien n'abat le courage d'un vrai républicain !
La veille de mourir, les Girondins chantaient
dans leur prison.

Mᵐᵉ DUPONT

Ils n'auraient pas chanté s'ils y étaient restés.
Je vous trouve extraordinaires !... Vous en êtes
encore à l'admiration pour le rossignol qui
chante mieux aveugle. Les souvenirs et les
regrets, dans sa gorge, ne sont pourtant que des
sanglots. C'est si beau que ça, des sanglots?
Laissez-moi donc tranquille ! L'alouette ne
chante, elle, ni aveugle ni enfermée. C'est pourquoi je veux la mienne ivre de lumière, et libre !

LUDOVIC

Vous n'avez pas le droit de disposer de lui.

Mᵐᵉ DUPONT

Vous allez peut-être m'apprendre à l'aimer !
Votre foi républicaine lui dit : Étouffe ! Ma ten-
dresse lui crie : Respire ! *(A Eglantine.)* Dis-leur
donc que c'est moi qui ai raison...

ÉGLANTINE

Dame... je ne sais pas... mais il me semble...

Mᵐᵉ DUPONT

Souviens-toi de ce dimanche... à la barrière
Montparnasse... Qu'est-ce que vous me deman-
diez de vous chanter?

LUDOVIC

Le Chant des transportés.

LE PÈRE LOUIS

Le Chant des nations.

BASTIEN

Le Chant des soldats.

TOURNOIS

Le Chant des étudiants.

Mᵐᵉ DUPONT

Oui... et puis quoi encore, pour la bonne
bouche, comme vous disiez?

ÉGLANTINE

Les Cerises.

Mᵐᵉ DUPONT

Les Fraises des bois... et quand j'avais fini,
vous, père Louis, vous, Ludovic, vous, Bastien,
vous disiez : voilà encore celle que nous aimons
le mieux ! L'avez-vous dit, oui ou non?

LE PÈRE LOUIS

Nous l'avons dit.

LUDOVIC

Chaque chose en son temps.

ÉGLANTINE

Peut-être que si vous les chantiez encore...
*(Elle fait un signe à Tournois qui va s'asseoir
au piano.)*

BASTIEN, *proposant.*

Les Fraises.

ÉGLANTINE

Je ne sais pas si je n'aime pas mieux *les
Cerises... (Tournois prélude.)* C'était celle que
maman vous redemandait toujours... Le premier
couplet est si beau...
(Elle chante.)

La nuit s'en va d'un pas léger...

Mᵐᵉ DUPONT

Non, Églantine... Ce n'est pas : « La nuit s'en
va... » c'est :
(Elle chante.)

La nuit s'enfuit d'un pied léger ;
N'effleurant que du bout de l'aile,
Les coteaux qu'on voit s'oranger
Aux lueurs de l'aube nouvelle.
Les grands chemins sont tournoyants,
Du voyageur la soif s'irrite,
Du sein des rameaux verdoyants,
La cerise rouge l'invite...

Quelle chance pour les oiseaux,
Pour les enfants, quelles surprises !
Les pentes vertes des coteaux
Sont toutes rouges de cerises !...

*(Ils ont tous — sauf Ludovic — chanté le refrain
en sourdine.)*

ÉGLANTINE

Maman ne se lassait pas non plus de vous
entendre chanter *les Fraises.* Vous les chantiez
si bien ! C'est irrésistible. *(Aux autres.)* N'est-
ce pas?

TOURNOIS, *bas à Mᵐᵉ Dupont, en préludant.*

Encore celle-là... et ils sont à vous !

ÉGLANTINE

Rien que le couplet où la fraise répand sa
douce haleine... On croirait la sentir...

Mᵐᵉ DUPONT, *chantant.*

Rouge au dehors, blanche en dedans,
Comme les lèvres sur les dents ;
La fraise épand sa douce haleine
Qui tient de l'ambre et du rosier ;
Quand elle monte du fraisier,
On sent que la fraise est prochaine.

Qui veut des fraises du bois joli ?
 En voici,
En voici mon panier tout rempli.
De fraises du bois joli !

(Ils fredonnent tous le refrain, et le père Louis se détourne, à la fin, pour s'essuyer les yeux. Soudain, Ludovic se lève, va ouvrir la fenêtre toute grande, se place devant et dit :

LUDOVIC

C'est la vôtre, madame Dupont... Vous me permettrez bien, à présent, de chanter la mienne, enfin, celle que je préfère..., et je ne suis pas le seul ! Je regrette seulement que ma voix n'ait pas l'ampleur de la vôtre... Je voudrais qu'on m'entende des Tuileries. *(A Tournois.)* Ritournelle, l'artiste... Je vais vous chanter, moi, *le Chant des paysans.*

 Napoléon est sur son siège,
 Non pas l'ancien, mais un nouveau,
 Qui laisse les blés sous la neige
 Et les loups manger son troupeau...

(A ce moment, au dehors, s'élève une voix mâle qui chante la suite du couplet et le refrain, à la stupéfaction générale.)

 Quand l'aigle noir fond sur tes plaines,
 Terre d'Arcole et de Lodi,
 Il se tient coi... Dedans ses veines
 Le sang du Corse est refroidi !
 Ah ! quand viendra la belie !
 Voilà des mille et des cents ans
  Que Jean Guêtré t'appelle,
  République des paysans !

Mme DUPONT

Qu'est-ce que ça veut dire ?

LE PÈRE LOUIS

Rien de bon, assurément. Ferme la fenêtre, garçon. C'est vrai qu'on ne peut plus faire un pas, depuis Décembre, sans marcher sur un mouchard.

BASTIEN

Ça semblait venir d'à côté.

TOURNOIS

Non... d'en face... du fond de la cour.

ÉGLANTINE

Ne nous plaignons pas que nos chansons éveillent des échos !

BASTIEN

C'était plutôt comme un signal.

LE PÈRE LOUIS

Et c'est Ludovic qui l'a donné.

ÉGLANTINE

Encore un peu de café, madame Dupont ?

Mme DUPONT

Non, merci.

ÉGLANTINE

Personne n'en réclame ?

(On frappe.)

SCÈNE IV

LES MÊMES, LA CONCIERGE

LA CONCIERGE

Je vous demande pardon de vous déranger. Monsieur Ludovic.

LUDOVIC

Quoi ?

LA CONCIERGE

Il y a des messieurs qui vous demandent en bas.

LE PÈRE LOUIS

Là ! Qu'est-ce que je disais ! C'est un coup de ces sales gens d'en face ! Ils nous ont dénoncés à la police, qui nous guettait.

ÉGLANTINE

Mais ces messieurs se trompent... On n'a rien chanté de malhonnête ici.

LA CONCIERGE

C'est bien M. Ludovic que ces messieurs demandent.

ÉGLANTINE

N'y va pas, je t'en prie.

(Elle s'accroche à lui.)

LA CONCIERGE

Vaudrait mieux, pour la maison, éviter le scandale.

LUDOVIC

Elle a raison. Si je ne descends pas, ils monteront, et peut-être alors n'emmèneront-ils pas que moi. Non. J'aime mieux qu'ils trouvent tout de suite à qui parler.

BASTIEN

Pourtant, puisque ça n'est pas toi...

LUDOVIC

Ah ! pas de singeries, hein? comme des écoliers pris en faute. La chanson que l'autre a finie, je l'avais commencée.

LA CONCIERGE

Venez, monsieur Ludovic... Ils vont s'impatienter...

(Elle sort.)

ÉGLANTINE, *pleurant, à son frère.*

Pardonne-moi, Ludovic, c'est de ma faute...

LUDOVIC

Mais non.

ÉGLANTINE

Si... J'ai eu tort de me moquer de tes soupçons.

LUDOVIC

Eh bien ! tu ne recommenceras plus... Au revoir, petite sœur. Ne te fais pas de bile, va...

Vous non plus, Bastien. Vous non plus, Tournois.

(Il leur serre la main et s'arrête devant Mme Dupont, embarrassée.)

Mme DUPONT

Ludovic... ne nous en voulez pas... Quand Pierre va apprendre... Qu'est-ce que je lui dirai?...

LUDOVIC

Dites-lui... de ne pas faire de chansons nouvelles, sans penser à ceux qui les chanteront. A revoir.

LE PÈRE LOUIS, *serrant Ludovic dans ses bras.*

Mon pauvre petit... Où vont-ils t'envoyer?

LUDOVIC, *jetant un dernier coup d'œil sur le portrait au mur :*

Prendre sa place !

RIDEAU

Nous donnons en annexe la musique des couplets ou parties de couplets qui sont chantés au cours de la pièce. Nous y avons été autorisés par les éditeurs de musique ci-après, qui voudront bien trouver ici nos remerciements : pour la Musette neuve et les cerises, *A Noël,* 32, *place Saint-Georges, Paris ; pour* les Fraises, *Henri Lemoine et Cie,* 17, *rue Pigalle, Paris ; pour* la République des paysans, *C. Joubert,* 25, *rue d'Hauteville, Paris.*

De cet ouvrage il a été tiré à part 25 exemplaires sur papier pur fil, numérotés et paraphés par les éditeurs.

PARIS. — TYP. PLON-NOURRIT ET Cie, 8, RUE GARANCIÈRE. — 27714.

LES SOUVENIRS DU PEUPLE

BÉRANGER

LA MUSETTE NEUVE

Pierre DUPONT

LES CERISES

Pierre DUPONT

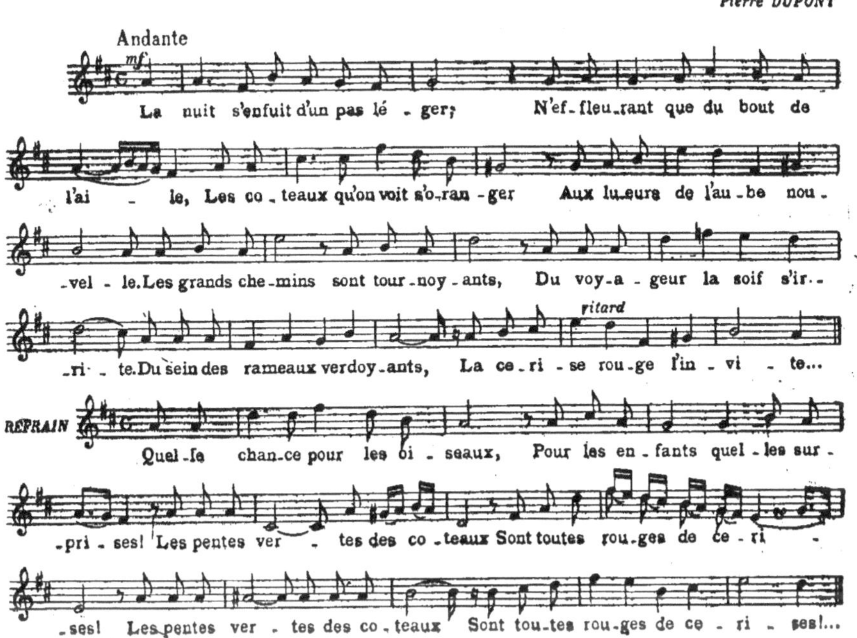

LES FRAISES DES BOIS

Pierre DUPONT

⑤

LA RÉPUBLIQUE DES PAYSANS

Pierre DUPONT